나무는 무게를 재지 않는다

나무는 무게를 재지 않는다
원춘옥 시집

초판 1쇄 인쇄 · 2025년 10월 15일
초판 1쇄 발행 · 2025년 10월 20일

지은이 · 원 춘 옥
펴낸이 · 윤 영 희

발행처 | 도서출판 동행
출판등록 | 2011. 6. 8. 제301-2011-098호
주　소 | 서울시 중구 을지로14길 16-11
전　화 | 02-2285-2734, 2285-0711
팩　스 | 02-338-2722
이메일 | gonggamsa@hanmail.net

ⓒ 2025. 원춘옥, Printed in Korea

값 12,000원
ISBN 979-11-5988-046-9

* 파본 및 잘못된 책은 서점에서 교환해 드립니다.

나무는 무게를 재지 않는다

원춘옥 시집

동행

■ 시인의 말

도시,
삶과 의문이 교차하는 틈

콘크리트 사이
흔들리는 풀잎 하나
조용히 저항한다

스쳐간 얼굴
또 하나의 자연

흔들림 속에서
바람은 무늬를 다듬고
한 줄 문장을 세운다

그 공존의 흔적은
나무의 잎맥에
기록된다

2025년 10월
원 춘 옥

차례

시인의 말 _ 5

1

바람의 세공사 _ 10
낙타와 침대 _ 12
진화하는 물 _ 14
동상이몽 _ 16
개미마을 _ 18
발끝의 수선공 _ 20
포스트잇 봄 _ 22
은행잎 목걸이 _ 24
빈칸의 기록 _ 26
민들레 악사 _ 28
향기 인출기 _ 30
길의 여왕 _ 32
시들지 않는 꽃 _ 34

2

첫눈썹 _ 36
나무의 실습시간 _ 38
겨울의 질문 _ 40

물꽃, 잠시 _ 42
그림자 계단 _ 43
미완의 힘 _ 46
병瓶 _ 48
봄의 매듭 _ 50
물 위의 방 _ 52
그 자리, 꽃무릇 _ 54
봄의 각도 _ 56
맨발의 무늬 _ 58
도시의 페선 _ 60

3

배꽃이사 _ 64
활자와 빗방울 사이 _ 66
향기의 행간 _ 68
밤의 포구 _ 70
회전의 방식 _ 72
숨 고르는 새벽 _ 74
똥싼바지 _ 76

차례

벚꽃축제 _ 78
간판대전 _ 80
잠을 고르다 _ 82
엘리베이터 _ 84
갈대 _ 86
쥐똥나무 _ 88

4

낮은 집의 전사 _ 90
텃밭 꽃단추 _ 92
회전초밥 _ 94
느린 흔적 _ 96
뜸 들이는 저녁 _ 98
접시꽃 _ 100
장롱매니저 _ 102
흐르는 꽃잎 _ 104
감정파일 _ 106
홍자빛 안부 _ 108
가만히 _ 110

바람의 세공사

한 개의 공이
펜스를 넘어간다
정밀하게 깎인 각도의 빛

마운드 위에서
손끝의 그립은 바람의 결을 읽는다
직선은 칼날처럼 반짝이고
곡선은 유리의 숨결로 퍼져
하늘에 눈부신 궤적을 새긴다

예측을 빗나간 순간
스윙은 공기의 장막에 부딪혀 흩어지고
붉은 통증은 번개처럼 살을 스친다

패배의 날을 견디며 알게 된다
수천 번의 휘두름은
단 한 번의 정교한 세공을 위한 밑그림

허공에는 보이지 않는 눈금이 새겨지고
각도는 기억의 층으로 빛난다
오직 시간을 견딘 장인만이 읽을 수 있는 문장

공기 세공사만이 완성하는 비밀이다

한 줌의 무게를 움켜쥔 그는
날마다 바람의 표면을 조각한다
한순간의 궤적을 위해
숨을 고른다

20180428 Y.R

낙타와 침대

바퀴 달린 침대에 실려 온
여섯 마리 낙타들

모래언덕을 넘는 방울소리
창밖으로 멀어지고
한 칸의 방에 모여
서서히 등이 휜다

누군가를 업어 기르던 시간을 지나
이제는 누군가의 등에 업혀 간다
앞만 보고 걷던 길은
뒤엉켜 굽어지고
바퀴에 실린 여생은 더디게 흐른다

횅한 눈동자들
입구의 기척을 바라본다
발소리를 오아시스처럼 기다리는 동안
별들은 부서져 내린다

외출은 뿌연 먼지 속으로 사라지고
돌아갈 집은 아득하다

낯선 잠은 덜컹거리고
낙타들은 모래바람에 소란을 피우지만
그들의 바깥은 비밀번호로 잠겨 있다

한 줌의 모래로 요약될 생,
침대는 낙타의 숨소리를 싣고
사막 어딘가로 흔들리며 떠날 것이다

아직 돌아오지 못한 별빛을 등에 지고

진화하는 물

강에 꼭지를 달던 시절은 지나갔다
이제 물은 정수기 안에서 월세를 내고
라벨마다 얼굴을 바꾼다

사람들은 밍밍한 물을 싫어한다
카페인으로 혀를 깨우고
기포로 목을 달랜다
진공 포장된 자유
유리병 속 구속

광장 분수는 아이들의 연극장
쇼핑몰 분수는
전기와 음악을 뒤집어쓴 오락
빛에 반사된 물방울마다
사람들의 욕망이 부서진다

여름이면 물은 과열된다
몰려든 웃음과 튀김 냄새 속에서
한철 장사를 하고
흩어졌다 모인다

그러나 물은
길을 만들고
노래를 흘린다
자신을 잃지 않은 채
흘러가는 것만이 자유인 듯

사람들이 이름을 바꾸어 팔아도
물은 결국 같은 얼굴로 돌아온다
진화하는 것은
물이 아니라
물을 포장하는 사람들일지도 모른다

동상이몽

그의 생애가 박제되었다
사람들은 청동을 부어 복제하고
손에는 빛나는 칼을 쥐여 주었다

비바람에도 젖지 않고
폭염에도 땀 한 방울 흘리지 않는다
영원히 완벽한 자세를 유지하는 직업
이보다 안정적인 일자리가 또 있을까

죽어서도 근무 중인 동상은
어둠이 내려도 퇴근할 수 없고
조명은 매일 야근을 강요한다
하늘을 향한 저 손
내리고 싶어도
청동근육은 꿈쩍하지 않는다

오늘도 셀카의 배경으로
묵묵히 복무 중이다
밤이 되면 몰래 눈을 뜨고
비둘기 몇 마리 날아와
시간의 귀퉁이를 쪼아낸다

〉
사람들이 남긴 화환보다
비둘기 분변이 더 자주 쌓이지만
그는 웃는다
역사의 무게가 이렇게 가벼울 줄
아마 몰랐을 것이다

개미마을[*]

파도에 밀려 떠돌던 도시의 어선들
인왕산 자락에 좌초되어
뒤엉킨 채 누워 있다

바다로 나가
그물을 던지며 만선을 꿈꾸던 날은
가자미처럼 엎드린
슬레이트 지붕 끝에서 삭아 내리고
속도를 내던 날렵한 몸은
간신히 부목에 기대어 숨쉰다

탄력을 잃은 부두 위
출항의 기억을 되새기는 노인들만
햇볕에 나와 오래된 그늘을 말린다

폐선을 끌고 새벽마다 바다로 뛰어드는 사람들
고단한 입질에 걸린 몇 마리 물고기를 들고
미역줄기처럼 어두운 골목을
뿌연 가로등에 의지해 돌아온다

재개발이 확정된 동네

썰물이 스쳐간 지 오래된 골목
현수막은 해초처럼 흔들리다
바람에 뜯겨 나가고

낡은 지붕 위 그늘은
사람들의 흔적을 담고
출렁인다

* 서울 서대문구 홍제동에 있는 마을 이름

발끝의 수선공

건물과 나무
모두 허공을 밀며 키를 높인다
더 높아지길 바라던 믿음이 멈춘 자리에서
세상은 높이를 숭배한다

한 호흡 늦춘 속도를 몸에 숨기고
팽팽히 지면을 당기며 족적을 남긴다

구두 안쪽에 자존심을 숨기고
10센티 길어진 도시 한복판을
당당히 걷는다

위태롭게 계단을 오르고
보도블럭에 뒷굽이 빠져 휘청이던 날
온전히 바닥을 딛고 설 수 있을까

바늘 끝에 실을 걸어
구두의 높이를 다듬는 수선공
손끝으로 꼼꼼히 매만지고
찢어진 가죽 틈을 꿰매는 그 손길이
다시 길을 재촉한다

〉
엉켜 있는 구두
흙 묻고 남루하지만
하루의 노고를 털어
신발장에 넣으며
한 뼘 낮아진 믿음으로

포스트잇 봄

매일 건너오던 발걸음
한 달째 불통이다

봄에도 꽃을 피우지 못한
창백한 그녀 곁에는
바람 냄새가 따라다녔다

함께 있으면 나풀거려 불안했다
옷깃을 여미라 당부했지만
기운 다한 그림자는
곧 날아갈 듯했다

미리 준비한 봄을
찬 손에 쥐어주었다
말 한마디를 붙들고
한 계절을 견뎠다

화려한 순간만 적어두고
개화의 계절 속에 몸을 숨겼다
지금 어디에 있는 걸까
〉

삼월을 뒤적일수록
추측만 무성해지고
바람의 통점만 무수히 박힌다

조심스럽게 버튼을 누른다
여전히 그녀는 꺼져 있다

다급한 안부를 외면한 시간
엉킨 바람의 허기만 귀를 더듬는다

내게 건너오던 길은 사라지고
창밖, 나무 흔드는 소리만 거세다

은행잎 목걸이

점심시간
팔랑이는 은행잎을 목에 걸고
거리로 쏟아져 나온 사람들
한 끼의 밥을 찾아
신호등을 건넌다
목걸이 없는 시선이
발걸음마다 머문다

노란 명찰을 달고
온몸으로 바람과 싸우는 나무
오토바이 굉음 속으로 함부로 몸을 던진다
바이킹 곡예 같은 하루를 오르느라
깃털이 하나 둘 흩날린다

국회의사당 담장 앞
밥그릇을 놓친 새가
제 몸통보다 큰 줄을 목에 걸고
조용히 시위를 벌인다

자신의 목구멍도 지키기 힘든
뒤통수가 가려운 한 떼의 새

종종걸음으로 지나간다

각자의 목걸이를 매단 채
오늘을 버티는 도시
무게를 견디며 서있다

빈칸의 기록

빌딩 우듬지 능선을 걸어 둔
빈칸마다 하루가 쌓인다

어둠을 먼저 빠져나온 걸음들
수입과 지출을 맞추느라
오전은 흘러가고
발등에는 하루의 무게가 남는다

손끝으로 굴리던 숫자를 접어두고
습한 그늘을 말리려 옥상으로 올라선다

부러진 의자 다리
바람에 뒹구는 꽁초
적자로 쌓인 흩어진 틈 위에서
덤으로 배정된 하늘을 끌어당겨
스티로폼 상자에 오이와 고추를 심듯
작은 내일을 심는 사람들

축축한 겨드랑이에
잠시 날개가 솟는다
〉

지축을 울리던 신축공사 굉음이 멎고
늘어진 불빛이 취기로 흔들릴 때

전표를 빼곡히 채우던 고단함도
내일의 비고란을 준비하며
결재의 밑줄을 긋는다

땀과 웃음이 말라붙은 옥상은
도시의 작은 쉼표

민들레 악사

그는 거리의 악사
앉은 자리가 곧 무대가 된다

생강나무, 개나리, 산수유가
봄을 먼저 차지한 하늘의 무대는
그가 오를 수 없는 자리
땅에 귀를 대어 봄의 온도를 읽는다
보도블록은 겨울을 견디며 틈을 내준다

긴 손가락은 없지만
볕을 그러모아 현을 당긴다
길을 감았다 풀면 걸음은 빨라지고
머뭇거리다 사라진다

무명(無名)의 무대는
밟히고 뽑혀 음을 반납하지만
한때의 환한 얼굴과 박수를 기억한다

소매 끝 올이 풀리던 날
낡은 악기는 줄을 놓치고
비둘기는 떨어진 소리를 주워 간다

〉
바닥을 전전한 악사는 안다
의자 없는 관객은 구름 같아
작은 바람에도 쉽게 흩어진다는 것을

오늘도 습관처럼 하루를 켜고, 또 거둔다
구겨진 지폐와 동전 몇 닢으로
날씨가 바뀌는 음표들

언젠가 바람에 놓칠 악보 한 장
그는 오늘도 맨바닥에서 봄을 켠다

향기 인출기

빌딩 많은 거리
커피 전문점이 줄지어 서 있다

기분 따라 향기를 출금한다
아메리카노의 쓴맛
라테의 가벼운 수다

밥 대신 향기를 대출한 아침
밥공기만한 잔을 들고 출근한다
열 잔을 마셔도 갈증은 남고
피곤이 수수료로 빠져나간다

바리스타는 은행원처럼 주문을 맞추고
가게는 적자로 문을 닫기도 한다

마타리, 산국, 쑥부쟁이
생각만 해도 미소 번지는 들꽃 커피

점심을 마친 직장인들
테이크아웃 컵을 들고 오후를 결제한다
〉

덧붙인 향기, 들꽃 향
자동이체되는 웃음

하루가 출금되고
남은 건 향기뿐

길의 여왕

헬스장 러닝머신 위
유리벽 안에서 끝없이 달린다
버튼 하나로 불려온 직선의 길이
몸을 감싸며 팽팽히 돌아간다

한참 달려도 제자리
사라졌다가 다시 나타나는 길
뒤돌아볼 수 없는 일방통행
사각의 벽 너머 세상은
흩어진 그림자처럼 멀어진다

몇 그램을 덜어내려
타이머에 찍히는 숫자들
길은 단 한 걸음도 놓치지 않고
움직임을 조심스레 기록한다

전신거울 앞, 음악 속에서
숨결은 거칠고 고통은 박자를 얻는다
멈추지 않는 의지의 불빛 아래
오늘도 그녀는 길의 여왕이 된다
〉

그러나 마음 깊은 곳에서는
발자국 없는 자유를 꿈꾼다
갇힌 수치 속에서 흔들리며
삐걱이는 길을 벗어나려 한다

움직이지만, 여전히 갇혀 있는
그 역설의 길 위에서

시들지 않는 꽃

그녀는 아침마다 봉지를 챙긴다

석류액, 오메가3, 홍삼
밥 대신 삼키는 젊음의 보험

진시황도 찾지 못한 불로초가
약국 진열대 위에 놓여 있다

꽃집에는 계절을 잃은 꽃들
플라스틱 뿌리로 환하게 웃는다
물과 흙 없이, 보존화라는 이름으로
시들지 않는 척한다

사람들은 주름을 지우려 지갑을 연다
주사기와 알약, 크림 속에서
청춘을 샀다고 믿는다

노인도, 어른도 사라진 거리
마네킹 얼굴이 가득하다

오늘도 그녀의 식탁 위에는
밥보다 값비싼 건강식품이
허기보다 욕망을 먼저 채운다

2

첫눈썹

연둣빛 눈썹을 따면
다시 자라는 미간 사이로
서로의 향이 스며든다

어귀부터 마루까지 줄지은 약속
몇 번의 상처가 내민 입술
바람의 전언 따라
화살표가 되어 이랑과 이랑을 건넌다

후끈 달아오른 능선
바구니에 햇귀가 가득하면
손톱까지 그을린 이력 한 줄
뜨거운 압축을 서두른다

덖음을 견딘 초록은
따끈한 위로에도 손을 내밀지 않는다

속독으로 다 읽을 수 없는 잎맥
씁쓸한 기다림과 어색한 눈빛
다관에서 우려지는 동안
계절은 말없이 매듭을 푼다

〉
입술에 닿는 순간
말하지 않아도 전해지는 문장
잔의 온기는 낮게 깔린 안부로 오래 남는다

다시 돌아나는 다향茶香의 문장
마른 입술을 적시며
서로에게 젖어든다

나무의 실습시간

푸른 천 위에
꽃을 본떠 한 잎 한 잎
정성껏 마름질했단다

꽃잎이 부풀어 오르면
머리를 베고 누울 수 있지

단단한 뼈가 되고 싶은 어린잎
햇볕은 솔기를 덧대어 붙잡아 주었고
비와 우박은 재단을 어지럽혔지만
가지들은 여전히 열매를 달았단다

지난밤, 숲을 지키려 맞서자
실밥이 터지고 올이 풀렸지
바람이 가위를 들자 숲의 어깨가 잘려 나갔어

놀란 새들이 빈 가지를 오가며
계절을 꿰매려 했지만
결코 쉬운 일이 아니었지

그래도 괜찮아

지금은 실습시간이니까
풀린 밑단을 하나하나 꿰매며
또 한 계절을 배운단다

완성은 없어
바람조차 바느질을 돕는 손길이지
상처와 틈으로 이어진 숲
미완 속에서 우리는
완성을 연습하는 거야

겨울의 질문

흰 이마 빛나던 웃음
네가 기다리고 있을지도 모르는 두물머리
사람들은 눈길을 달려와
잠시 멈춘다

남에서 북으로
북에서 남으로 흐르던 강은
밤새 뒤척이다가
서로를 끌어안는다

누구에게나
자라지 않는 섬 하나가 있다
고립된 마음의 섬
닿을 수 없는 침묵의 자리

낯선 바람 견디며 서 있는
등 굽은 느티나무
햇살 품은 눈망울이 있을까

부표를 껴안고 흐느끼는 갈대
뿌리로 떠돌며

머무는 법을 배운다

흘러간 시간과 강물 위
사라진 그림자조차
무심히 자리를 지킨다

빈 배는 강의 숨결을 느끼며
강이 던지는 오래된 질문에
귀 기울이고 있을 뿐

우리는 그 속에서
완성되지 않은 계절을 배우며
서로의 섬을 바라본다

물꽃, 잠시

무거운 오후, 하늘이 씨를 뿌린다

흙탕물을 튕기며
잠깐 피었다 사라지는 꽃
더러는 호수 속으로 뛰어든다

마지막 한 번쯤은
피어보려는 짧고 간절한 몸짓

물이 닿자
순식간에 번져 피는 단명의 꽃들
물이 물을 껴안는 순간
뿌리 없는 파문은
바람 한 점에도 꺾이고 만다

수장을 끝낸 호수
고요한 입술로
꽃을 거두어 들인다

영원은 지속이 아니라
순간을 다 사는 방식

그림자 계단

가파른 나무 계단 위
발자국이 점점이 새겨진다
계절마다 향기를 벗어두고
정점 속으로 걸어간다

세월이 길을 내고 덮었으나
푸른 기억은
바지 주름처럼 접혀 있다

오르기만 알던 날들
넘어져 얻은 상처는
지워지지 않는 시간을 증언한다

쉼의 가르침은
수많은 소모 끝에 발끝에 닿고
굳은살만 남은 걸음은
바람 속에 지워졌다

변함없이 오는 것들은
늘 무심히 떠나갔다
〉

오늘의 고단한 계단도
언젠가 그리움이 되고
살아 있던 흔적은
그림자의 무게로 남는다

귀퉁이 닳고 금 간 나무 위
달빛은 그림자를
한 계단 한 계단 접어 올린다

오름과 내림은 다르지 않아
모든 발걸음은
조용히 하나의 길로 모인다

미완의 힘

섬진강 바람 따라
광양 산 매실이 날아왔다

갑작스러운 이별에 몸을 떨며
배꼽을 드러내고 누워
집 안 가득 시고 떫은 기운을 퍼뜨린다

아직 세상을 다 알기 전
때 묻지 않은 맑은 기운이
온몸을 돌며
탁한 것을 걸러낸다

잎도 피기 전
서두른 어른들의 욕심에
아이들은 제때 익지 못하고
향기 없는 몸으로 누워
숨죽인다

탯줄이 떨어진 자리
검은 흔적을 떼어내면
속살은 뽀얗게 드러나고

시큼한 즙이
초록을 토해낸다

여물지 못한 세상을 받치는 풋 것
여리지만 강한
아직 자라나는 힘이다

병瓶

지구를 반 바퀴 돌아온 울음
그들의 고향은 유리병에 잠겼다
마개로 덮인 과거가
투명한 벽에 부딪혀 흔들린다

구름과 비는 곱게 갈리고
알갱이가 터진 태양
숨 막힌 공간은 고요를 가장하며
빛을 접는다

뚜껑이 열리는 순간
한 방울도 남지 않을 시간 속에
시큼함과 달콤함이 스며든다

하늘 없는 깊은 어둠
오랜 노동을 함구한 코르크 속에서
어제와 오늘이
천천히 발효된다

근육질의 시간은
열리지 않을수록 더 깊어지고

지하에서 숙성된 포도는
향이 진하다

투명과 불투명의 경계
깨지지 않으려 균형을 잡는다

모든 울음을
병 속에 응집한다

봄의 매듭

플라타너스 가지마다
연둣빛 머플러가 펄럭인다

겨우내 움켜쥔 발끝의 고통
굳은살로 남은 자리
상처의 뿌리가 깊다

계절은 끝없는 매듭
서로를 놓지 못한 채 엉켜 있고
손톱 밑 붉어지도록 당겨도
묶인 곳을 벗어나려면
긴 기다림이 필요하다

볕은 몸을 데우고
바람은 한 올씩 매듭을 풀어낸다

내성적인 잎들
생각을 한 장씩 꺼내 허공에 매달고
침묵 속에서 봄은
시간의 끈을 새로 짠다
〉

숨결은 바람에 실려
시간과 매듭, 잎 사이로 스며
모든 순간, 초록으로 피어난다

물 위의 방

캄보디아 톤레삽 호수
물 위에 뿌리내린 집들
어미는 남루한 배를 저어
하루의 끼니를 건져 올린다

고무대야를 타고
개구리처럼 뛰어오르는 아이들
손에는 이미 물갈퀴가 자라 있다
끝을 알 수 없는 호수를 바라보면
세상은 늘 멀미로 흔들린다

바위를 쌓아 올린 천국
스팡나무 뿌리에 갇힌 사원은
무거운 시간 속에서
천천히 무너졌다

땅을 잃은 물의 뿌리들
앙상한 다리를 드러내며
우기를 기다린다

날마다 물 위를 밟으며 크는 아이들

꿈을 배우지 못한 채 천천히 자란다
한 조각 옷마저 짐이 되는 곳
부레옥잠의 생을
누가 다 알 수 있으랴

젖은 손끝에 해가 걸릴 때
호수는 묵묵히 하루를 품는다

그 자리, 꽃무릇

중년의 나이에
싱글을 즐기며 당당하던 그녀
온몸으로 가을 장맛비를 맞고 있다

'아버지 가셨어요'

견딜 수 없는 공허가
창백한 얼굴 위로
끝없이 흘러내렸다

외로움이 자라지 않도록 덮어주던 아버지
갑자기 떠나셨다

등을 기대던 믿음들이
얼마나 쉽게 무너지는 허상의 벽인지
비로소 알았다

독신을 후회한다던 그녀
깊이 감춰둔 고독을
처음으로 보았다
〉

꽃무릇, 붉은 눈물이
그 빈자리 위로
서서히 피어올랐다

봄의 각도

그녀는 각도를 알고 싶었다

땅과 구름은 직각을 유지하며
바람의 흔들림에도
꼿꼿이 중심을 지켰다

그것은 그녀만의 철칙
각도를 잃지 않기 위해 골몰했다

가끔 빗줄기의 예각을 읽고
바람의 둔각을 메모하지만

씨앗부터 직립이던 꽃
자신의 기울기를 갖지 못했다

봄은 줄기차게 그녀를 흔들었다

푸른 빛과 부드러운 바람이 쌓여
알토음과 기울기를 만든다는 걸
깨달은 것은 최근의 일
〉

애초부터 그녀는
다양한 각도를 지니고 있었을지도 모른다

스스로의 중심을 잠시 내리고
살짝 기울자
봄이 만개했다

맨발의 무늬

길을 걷다가 발을 멈춘다
내 생각이 가장 먼 곳
얼마나 많은 족적을 남기며
길들을 끌고 이곳에 서 있는 걸까

발의 생각을 신에 구겨 넣고
마음대로 부려온 것은 아니었을까
가끔 힘들다고 가려운 꽃을 피우기도 했지만
쓰윽 연고 한 번 바르고
무심했던 생각, 감정에 맞춰 밀어 넣었던
킬힐도 감수해온
굳은살이 박인 발

뜨거운 물에 담그니
뭉친 길들이 풀려 나온다
수많은 길을 안고
가끔 끊어지고 멈추기도 했지만
지금도 따라온다

문득, 캄보디아 비단 제조공장
알록달록 무늬를 짜던 맨발의 처녀가 떠오른다

〉
길 위를 살아온 발들이 엮은
맨발의 무늬

도시의 폐선

역사驛舍 곁
시멘트 바닥에 뿌리 내린 낡은 선체들
떠나지 못한 시간들이
버려진 채 포구에 쌓여 있다

끊긴 전철의 어둠 아래
신문지 한 장으로 바람을 덮은 잠
그 불안한 숨결 위로
먼 바다의 파도가 아득히 겹친다

물길 잃은 배들은
한때의 항해를 기억하지만
해일에 휩쓸린 날들을
다시 건져 올릴 수 없다

갈 곳을 잃은 도시의 바다
각자의 목소리가
오늘도 길게 뒤엉킨다

조금씩 스며드는 녹빛 시간
예정된 결말을

어느 항구에 정박시킬 것인가

밤마다 가라앉는 그림자들
폐선처럼 조용히
도시의 심장 속에 누워 있다

3

배꽃이사

사람들이 나무를 옮기고 있다
겨드랑이에 숨었던 그늘이 볕 속으로 나왔다

달그락달그락
얼마나 많은 잎과 동거를 했는지
세간이 많다

차마 버리지 못한 낡은 짐 몇 개
트럭으로 올렸다
자주 들리겠다는 바람의 말을 남기고
강을 넘었다

태릉, 자꾸 집으로 가자고 칭얼거리던 가지들
잎을 떼어낸 자리가 허전해
자다가도 두리번거렸다

생가지에 걸린 달이
엘리베이터를 타고
마트도 가고 놀이터도 갔다

집이 빨리 익숙하기를 기다리는 동안

201호도 705호도 조금씩 봉오리를 맺었다
페인트 냄새가 꽃향기를 덮었지만
베란다 밖 하얗게 쏟아지던 달빛 한 점
나무 아래에서 꽃을 구웠다

그렇게 함께 깊어지던 밤도 흩어지고
또 이불을 마련했다

배꽃들이 새집을 마련하는 계절
그들이 떠난 자리에
달고 큰 배들이 가득 열릴 것이다

이사란 뿌리를 옮기는 일이 아니라
다시 뿌리내리는 법을 배우는 일
계절처럼, 또 다른 시작을 천천히 익혀가는 일

활자와 빗방울 사이

또도독…
활자들이 눈가를 스치며 사라진다
딸깍, 딸깍

또도독…
유리창 위 빗방울, 알레그로로 튕기다
아다지오로 가라앉는다
톡톡…
숨결 같은 공기 속, 글자는 물결처럼 흔들린다

또도독…
종이 위 음악 기호 흩어지고
번짐 위 까만 점 하나, 미아가 되어 깜빡인다
포르테로 울리는 손끝
공명을 타고 방 안을 떠돈다
쿵… 쿵…

또도독…
오선지를 벗어난 감꽃을 주워
퍼즐처럼 기억을 맞춘다
채도가 낮아진 이름들

스타카토 발소리로 텍스트 속으로 스며든다
어깨 위 먼지처럼 남은 기억들은
조용히 떨며 사라진다
스르르…

또도독…
손끝으로 타이핑하며
흘러가는 시간, 흔들리는 감정을 따라간다
기억과 글자, 빗방울과 음악이
겹쳐진 공기 속에서 고요히 감싼다
피아니시모…스윽…

향기의 행간

까칠한 길 위에 남겨둔 향기
곁이 되기 전 머뭇거리던 그늘
말보다 먼저 어색이 피어났네

등꽃 향기 스쳐간 자리엔
묶음의 여백이 잠시 머물렀네

아래층은 누워 덩굴을 좇고
위층의 소란을 견디지 못해
벨을 눌렀네

구름발로 숨죽이며 걷던 여린 잎
촘촘하지 못한 계절은
자주 소리를 떨어뜨렸네

그가 오른쪽일 때 우리는 왼쪽이었네
가깝고도 먼 거리
엎드린 바람이 날갯짓으로
문자를 전송했네

때론 등이 되고, 이웃이 되어

그림자가 얽히는 동안
향기는 꽃들의 비밀을 물고
부지런히 행간을 들락거렸네

조심스레 오월을 열면
향기의 숨결이 먼저 환해지고
꽃잎들은 그 틈에 모여
서로의 무릎을 다시 불러들이네

밤의 포구

하루의 셔터를 내리지 못한 사람들
야간 조업 중이다
치어라도 잡아야 하는 절실함이
형광빛에 포장되어 진열된다

삼각김밥, 컵라면, 담배, 의약품, 택배―
가장 좋은 미끼들
모든 편의를 걸어놓고
돌살그물을 펼친다

가끔 취객이 해파리처럼 달라붙고
입 거친 고래가 뱃전을 물고 늘어진다

잠을 팔아 하루를 연명하는 사내
마른 오징어처럼 질긴 시간을 씹는다
축구 경기 덕에 어장은 길까지 연장되고
거품 물은 입질에 잠깐 활기가 돈다

잠시 정박한 사람들이 떠나면
포구는 고요해지고
졸던 바다를 부욱 찢고 지나가는

폭주족과 앰뷸런스
눈꺼풀의 졸음이 화들짝 달아난다

실눈 뜨고 밤을 새운 어구
사내는 찢긴 어망을 부지런히 깁는다
잠 못 든 파도만 밤새 들락이고
은멸치들이 아침을 몰고 온다

끊임없이 소진되는 24시 편의점
도시의 작은 포구

회전의 방식

잔소리가 튀어 오를 때마다
뚜껑을 닫듯 두 귀를 닫았다

그의 칼날은 예리해서
아무 말도 못하고 주위를 맴돌았다

그는 ON을 눌렀지만
응어리가 많은 그녀는 늘 OFF
섞이지 않는 시절은 길고 지루하게 이어졌다
서로 다른 날을 꺼내 자신을 주장하며
튀어나가는 회전의 방식에
뚜껑이 들썩거렸다
언제쯤 순하게 길들까

원심력을 놓친 각각의 회전칼날은
자꾸 미끄러지고 헛바퀴를 돌렸다
고속, 저속, 고속, 저속—
버튼의 힘으로 그를 조절한다
날카롭던 각이 많이 줄어들었다

데면데면 무뎌진 칼날

이제 모터 소리만 요란하다

무뎌짐 속에서
서로를 다치지 않고 마주 서는 일
예리함을 견디다 끝내
둥글어지는 일이다

숨 고르는 새벽

아침이 쓰다
밤새 들끓던 가래가
팔다리를 스치고 슬며시 사라졌다

링거 줄은 흔들리고
잠시 진동 속에 갇혀 있었다
한 줌 알약이 흩뿌린 밤은 가라앉지 않고
늑골 속 검은 안개는
하염없이 흘러나왔다

누군가의 기침소리에 눌려
불안한 새벽을 걷는다
뿌옇게 차오르던 시야가
갑자기 사라지고
갇혀 울던 축축한 기억이
무릎을 적신다

안개주의보는 오래 전에 풀렸지만
쉽게 걷히지 않는 불투명의 시간 속
홀로 서 있다
〉

가려 있던 것은
서서히 모습을 드러낼 때
더욱 또렷하다

아픔도 마주하면 익숙해진다
안개 속에 갇히더라도
문득, 숨 고르는 새벽을 맞는다

똥싼바지*

누구의 상술일까
이쪽 엉덩이와 저쪽 엉덩이를 이어
철퍼덕 하나로 만든 바지

똥 싼 바지일까
똥값 바지일까
어차피 사는 사람은
똥인지 돈인지 모른다

마네킹들은 길 쪽으로 처진 엉덩이를 돌리며
금세라도 배설할 듯 서 있다
바지가 그들을 안아주고
냄새는 쇼윈도 너머까지 스며든다

아침 출근길 변비 지하철
울부짖는 뭉크
힙합 꿈꾸던 악동들
한 덩이 똥을 허리에 매단 갓난아이
유리문 반대편으로 사라진다

상체는 길고 하체는 짧다

엉덩이에 매달린 배설물
도시 위를 활보하는 짧은 다리들

누가 웃는 건지
누가 우는 건지
우린 모두, 바지 속에 갇혀 있다

    * 바지 판매 전문점의 이름

벚꽃축제

올해도 어김없이
사람들은 벚꽃엔딩을 부르고
벚꽃 핀을 꽂고
벚꽃 수레 위에서
벚꽃 춤과 그림으로
봄을 점령한다

벚꽃은 열흘 동안
자신을 주장하지도 못한 채
꽃잎을 떨구고 말았다

사람들은 여전히
사진 속에서 웃고
인스타그램에 꽃을 저장한다

바람이 불면
흩어진 꽃잎과 함께
발걸음도 흔들리고
누군가의 웃음과
누군가의 기억이
바닥에 내려 앉는다

간판대전

심장을 겨냥한다

인도 위로
슬금슬금 기어드는 광고
찜질방과 노래방은 밀려나고
커피전문점이
네온 폭죽처럼 반짝인다

지하철 입구
전단을 내미는 여인
개업집 앞
풍선인형과 일일도우미
도시는 빛과 소음으로 뒤덮이고
걸음마다 상호명이 점수로 환산된다
점수판은 오늘도 갱신 중

공중전과 지상전
치열한 전장
이제 사람의 얼굴은 간판
성형외과는 늘 만원
웃음에도 QR코드가 붙는다

슬며시 팔리는 미소, 유통기한 있음

화려함 뒤
소외와 경쟁만 남은 도시
숨 막히는 현실
그 빛 아래, 인간은
가격표가 붙은 프로모션 상품

잠을 고르다*

등을 붙이지 못하는 은행나무
'24시간 편의점 알바생 구함'
잠과 밥을 바꾸려는 누군가의 하품이 매달렸다

눈이 닿는 곳마다 잉크가 마르지 않은 말뚝잠
절실함과 무관심 사이에서
귀잠이 될 수 있을까
곧 뜯길 등걸잠이지만 여원잠을 청한다

접착력 약한 수잠은 가벼운 바람에도 펄럭이고
관심을 표하지 않던 꾀잠이
잠의 귀퉁이를 떼어가고
새우잠 대신 한뎃잠이 수화기를 넘어왔다

잠을 고르며 어깨가 무거워진 가을밤
뒤척이다 선잠이 든다
도로 이쪽과 저쪽으로 몰린 발칫잠은
개잠이 되어 신호등 아래에서 바스락거린다

아침이 되자 또 다른 잠이 얹어졌다
어떤 잠이 토끼잠을 대신할지

횡단보도를 건너 총총 사라지는 늦잠

점심을 놓친 벤치에 기댄 낮잠들
오늘도 잠을 고르고 있다

날마다 잠들지 못한 이들
어긋난 잠을 베고
빨간 신호와 네온 불빛 사이를 떠돌다
잠시, 틈새잠이 든다

 * 잠의 종류

  등걸잠 – 옷을 입은 채 아무 데서나 쓰러져 자는 잠
  말뚝잠 – 꼿꼿이 앉은 채로 자는 잠
  토끼잠 – 토끼처럼 깊이 잠들지 못하고 아무 데서나
     잠깐 자는 잠
  개 잠 – 아침에 깨었다가 다시 자는 잠. 두벌잠
  귀 잠 – 매우 깊이 든 잠
  괴 잠 – 거짓으로 자는 체하는 잠
  발칫잠 – 남의 발치에서 자는 잠
  선 잠 – 깊이 잠들지 못하거나 충분히 자지 못한 잠
  수 잠 – 깊이 들지 않은 잠
  여윈잠 – 흡족하지 못한 잠
  한뎃잠 – 한데에서 자는 잠
  틈새잠 – 틈이 나서 잠깐 자는 잠

엘리베이터

외부와 내부의 길이 이곳에서
층을 잇는다

계단의 시간은 뒤로 밀리고
우리는 속도를 택한다
줄을 움켜쥔 한 평의 공간
오직 수직으로 오르내린다

속도와 함께 불안이 뒤따른다
건물 마디를 지날 때마다 덜컹,
길은 얽히고 묶인다

고립된 시간 속
풀지 못한 매듭은 두려움이 되고
낯선 시선이 사각 공간을 채운다
심장만이 진동을 남기고
순간은 정지한다

불안의 틈에 스며든 빛
뒤의 어둠을 마주하며
서서히 고요가 균형을 잡는다

갈대

습지에 들어서자
수액을 머금은 갈대들이 바스락거렸다
발걸음 하나에도 민감한 시간
그들의 귀는 문 쪽으로 길게 뻗었다

윗도리만 남은 뼈들이 흐느적거리며
늦가을 저녁을 건넌다
변색된 계절이 몸을 스치고
억센 바람을 온몸에 담았다

새를 품던 서식처는 헐거워지고
늪 한 켠에서 울던 기억은 바싹 말랐다
울대에 갇힌 입술은 떨리다 잠잠해졌다

온 힘을 다해 외쳐도
늪은 발목을 놓아주지 않는다
말들은 초점 없이 허공에서
하얗게 흔들렸다

곧 배경을 지우고 바닥을 드러낼 늪지
눈물을 찍어 기록하는 마지막 필치

하늘의 눈시울이 붉어지고
산의 어깨가 들썩였다

한 줄기 바람이
모두를 품고 어둠 속으로 사라졌다

쥐똥나무

무인 모텔 앞 쥐똥나무
빽빽한 푸른 잎
뒷장에 새겨진 몸짓
낙서, 뜨겁다

현수막을 걸고
철모른 가지를 흔드는 바람
울타리를 단단히 쳤다
비밀이 새나가지 못하도록
문단속 중이다

그곳이 늪인 줄도 모르고
발목 담그는 여린 잎들
짙은 향기를 소비한다
달콤한 것은 모서리가 없다
뒤꿈치를 보일 때까지
한 계절을 기다려야 한다

바람이 몰래 드나들던 구멍마다
본능이 까맣게 슬었다

낮은 집의 전사

숲을 메운 거대한 나무들
타오르는 햇볕 화살이 쏟아져도
질경이는 땅을 움켜쥐며
낮은 집을 세운다

도시의 발걸음이 사정없이 덮치고
타이어가 대지를 눌러도
엎드린 작은 몸은 틈을 벌려
기어이 솟아난다

포크레인 팔이 먼지를 뒤엎어도
질경이는 흔들리지 않는다
부서진 잎으로 방패를 만들고
흩날린 잔해를 모아
푸른 깃발을 세운다

작디작은 풀 하나
바위의 심장을 품었다
세상 모든 발길에도 꺾이지 않고
땅속 깊이 뿌리를 박아
침묵의 군세를 키운다

〉
낮은 집의 전사
도시의 소란을 전장 삼아
보이지 않는 왕국을 지킨다

텃밭 꽃단추

씨앗처럼 갈무리한 단추들이
풀린 기억들을 옭아맵니다

각지고 푸석한 하루를 견뎌주던
고추꽃처럼 하얗던 날들
자잘한 기억들을 풀어놓습니다

두 아이의 졸업식과 입학식을 잇던
가지빛 점퍼의 시간들
호박꽃처럼 환하던 웃음
오이꽃처럼 싱싱했던 날들도
둥글게 모여 마음을 채웁니다

사랑 하나 휘청하면
다시 심으려 모아둔
한 줌의 숨결도 남아 있습니다

빛을 돌려주고도
떠나보내지 못해 곁에 두었지만
가슴은 많이 느슨해졌습니다
〉

가끔 놓쳐버린 시간들도 있지만
텃밭의 꽃들은
아직도 기억 속 온기로
천천히 피어납니다

회전초밥

접시에 담긴 바다
레일 위를 따라 끝없이 흘러간다

입구와 출구 없는 먹이의 행렬
젓가락에 매달린 작은 항해
한 덩이, 또 한 덩이
식탐이 빙글빙글 돈다

바다로 회귀하지 못한 고래들
도시의 부두에 앉아
날 것을 맛보려 몰려든다
지느러미와 아가미를 지우고
색과 무늬를 훑어내지만
깊이를 알 수 없는 세계

한 주먹 밥을 붙인 푸른 그릇
화려한 옷을 껴입고
코앞까지 다다른다
그들이 평생 집중한 한낮은
얄팍하게 저며지고
왼쪽 시간을 놓친 채 돌고 있다

〉
고추냉이 한 방울로
읽을 수 없는 저녁
이승을 비운 접시들이 차곡차곡 쌓인다
배가 불룩해진 고래들
이빨에 낀 구름을 털며
느린 가락으로 걸어 나온다

느린 흔적

작은 촉수가
원초의 성을 기웃거린다
귀 닫은 시간을 품고
느릿느릿, 태고의 바다를 건너는 중

태엽처럼 풀리는 하루
점액질의 시간은 알 수 없으나
말랑한 순수는 상처 없이
그의 집에 닿기를 바란다

빛만 따라 웅크린 몸
초라하지만
그 안에 오래된 바람이 머물고
천천히, 아주 천천히
세상과 스며든다

한 걸음, 한 걸음
촉촉한 흔적을 남기며
돌담과 풀잎
햇살과 바람에 몸을 맡긴다
〉

달팽이의 느린 걸음이
세상의 맥박과 맞닿을 때
작은 몸 하나가
우주와 교감한다

뜸 들이는 저녁

허기에 지친 하루를 끌고 와
쌀을 씻어 솥에 앉힌다

잡곡처럼 제각각 뒹굴던 시간들
가쁜 숨을 몰아쉬며
식사에 맞춰 숨을 고른다

한 끼를 걱정하던 날
씰룩이며 추를 돌린다
헐거워진 파킹 가장자리로
밥물이 넘치고 김이 샌다

느닷없는 틈에도
밥심을 눈치 챈 주방의 등
말없이 시간을 지켰다

무릎 맞대고 자작자작
뜸 들이는 저녁
주걱으로 뒤적일 때마다 윤기가 돌고
밥 냄새가 먼저 수저를 든다
〉

바닥에 눌어붙은 밥알까지 퍼 담아
공복을 채우면
뒤축 닳았던 웃음
다시 부풀어 오른다

접시꽃

주차장 모퉁이
척박한 땅에서 키를 올리는 접시꽃

넉넉한 인심이 남긴 기억
시장 길목, 산허리 동네
키보다 높은 일감을 쌓아놓고
종일 티셔츠 실밥을 따던 사람들
솔기에 붙은 실은 밥이 되지 못했고
쪽가위는 근심을 끊지 못했다
젖 물린 아기 머리에도 부연 먼지가 앉았다

머리와 가슴에 허옇게 실밥을 붙이고
산이 기울어야 허리를 펴던 사람들
아이들은 좁은 골목을 누비며
종알종알 키를 높였고
낯선 길손에게 의자를 내어주고
부침개도 내어주던 선한 웃음

재개발 바람이 불고
시장을 지나던 길도 사라지고
사람들은 뿔뿔이 흩어졌다

〉
고층 아파트가 빽빽한 자리
접시꽃 한 송이
붉은 골목의 기억을 가만히 품는다

장롱매니저

신혼의 약속으로 가득 찬 장롱
오랜 세월 묵묵히 자리를 지킨다
우리는 수없이 문을 열고 닫으며
사계절과 기억을 겹겹이 걸어놓았다

반값의 허영과 철지난 옷들을 받아 안고
나프탈렌 냄새에도 불평 없이 견디던
한없이 큰 가방

하루 일정에 맞춰
양복과 넥타이를 꺼내주고
스케줄과 계획까지 환히 꿰며
늘 삶을 참견하는 존재

짐이 어깨를 누르고
잠을 받드는 뼈마디가 삐걱거려도
낡은 시계와 반지들은 서랍 속에서
충실히 계약을 이행 중이다

이불 속 적금통장처럼 훌쩍 자란 아이들
언젠가 떠나가

가벼워질 것이다

돌아갈 곳이 빤한 장롱은
오늘도 묵묵히
외투를 받아 걸며
바람에도 흔들리지 않는 나무로
하루의 무게를 품는다

흐르는 꽃잎

푸른 달이 구름에
얼굴을 닦네
그래, 그래서
이토록 고요한 거지

물 한 그릇 떠놓고
기도하는 건 왜일까
달빛이
손끝과 꽃잎 사이를 스치며
속삭이듯 들어주잖아

찬비에도 꺾이지 않는 하늘 길
어둠 속에서 피어나는 숨빛
끌어올린 온기 속에서
서서히 깨닫는 중이야

작은 풍접초 꽃잎
졌다고 포기하지 않고
땅 속에서 다시 피어나
꽃을 올리잖아
〉

피고 지기를 반복해도
결코 시들지 않는 꽃
달빛에 젖어 흐르는 꽃잎

그 안에서 숨쉬는
어머니

감정파일

쇼윈도에 진열된 감정 파일들
해독되기를 기다린다

한 여자가 고리를 당기면
검은 데이터가 톡톡, 방울져
몸속 전율을 일으킨다
가라앉은 울음 하나가
천천히 뛰어오른다
뛰어오른다

한 남자가 또 다른 고리를 당기면
와락, 바다가 쏟아진다
바닥을 거슬러 오르며 자란 시간
좀처럼 가라앉지 않는다
가라앉지 않는다

어둠을 상자에 담아두고
종일 부딪치던 이 빠진 말들은
하나둘, 잠잠해진다
잠잠해진다
〉

오늘도 수많은 감정이
곁을 서성이다 돌아간다
거리를 당기지만
남는 건 오류 메시지뿐

홍자빛 안부

마지막으로 건네준 종이꽃 속에
가냘픈 당신을 묻고
세월을 가두고 말았지요

후회는 자라
덤불을 덮는 꽃이 되었고
눈물은 번져
가슴을 찌르는 꽃이 되었습니다

찰나의 인연으로 접었던
당신의 창백한 입술 위에
그리움이 자꾸
홍자색을 칠합니다

풀 섶에 앉아
꽃잎처럼, 안개처럼
당신과 나눈 모든 순간을
불러 모아
조용히 안부를 묻습니다

물봉선, 어머니

가만히

오늘도 어둠이 찾아왔어
유리창을 열고
흔들리는 불빛을 바라봤지

길모퉁이 카페에서 새어나오는 음악이
여린 공간에 스며들었어

바람에 일렁이는 마음이
갈잎 하나 스치며 온기를 남기고
커피잔에서 피어오르는 작은 안식
문틈 사이로 흘러드는
누군가의 웃음에도 귀 기울였어

길 위에 남겨진 낡은 표지 하나가
발걸음을 멈추게 했어
그 앞에서 잠시 서성이며
손끝으로 스며든 기억을 품었지

오랫동안 떠돌던 나를
천천히 안아주는 순간이 오면

그제야 알게 될 거야
내 안에 잠들어 있던 시간들이
조용히 나를 비추고 있다는 걸